Impressum

Verlag: BABADADA GmbH, Nedderfeld 112 , 22529 Hamburg

Geschäftsführer / Verlagsleitung: Harald Hof

Druck: Books on Demand GmbH, In de Tarpen 42, 22848 Norderstedt

Imprint

Publisher: BABADADA GmbH, Nedderfeld 112 , 22529 Hamburg, Germany

Managing Director / Publishing direction: Harald Hof

Print: Books on Demand GmbH, In de Tarpen 42, 22848 Norderstedt, Germany

# 학교

## школа

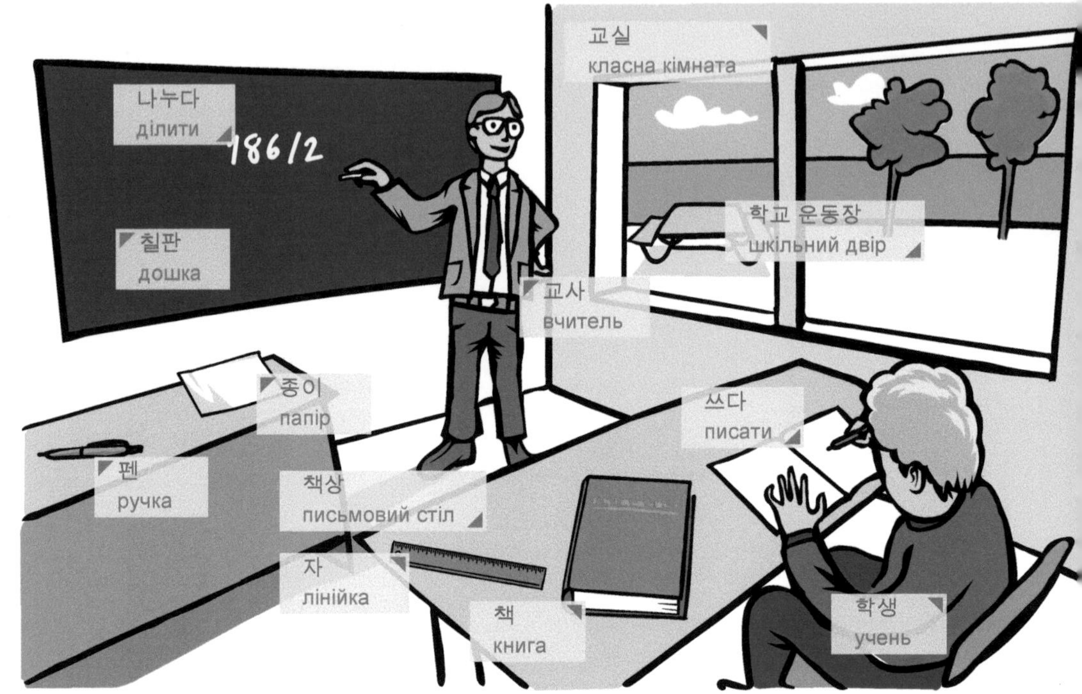

교실
класна кімната
나누다
ділити
186/2
칠판
дошка
학교 운동장
шкільний двір
교사
вчитель
종이
папір
쓰다
писати
펜
ручка
책상
письмовий стіл
자
лінійка
책
книга
학생
учень


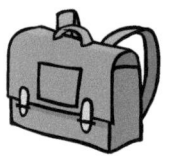

책가방

ранець

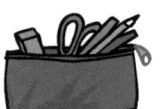

필통

пенал

연필

олівець

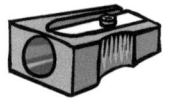

연필깎이

точило

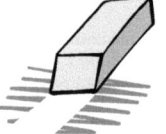

지우개

гумка

스케치북

альбом для малювання

그림

малюнок

붓

пензель

그림물감 통

коробка фарб

가위

ножиці

풀

клей

연습장

зошит

숙제

домашнє завдання

12

숫자

число

2+2

더하다

додавати

5-2

빼다

віднімати

2×2

곱하다

множити

계산하다

рахувати

A

글자

літера

ABCDEFG
HIJKLMN
OPQRSTU
VWXYZ

알파벳

абетка

낱말

слово

**텍스트**

текст

**읽다**

читати

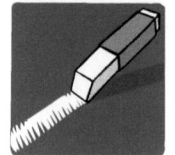

**분필**

крейда

**수업시간**

година

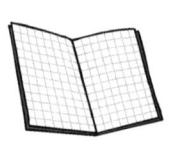

**출석부**

класний журнал

**시험**

екзамен

**증명서**

диплом

**교복**

шкільна форма

**교육**

освіта

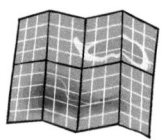

**백과사전**

лексикон

**대학교**

університет

**현미경**

мікроскоп

**지도**

карта

**휴지통**

кошик для паперу

# 여행

## подорож

호텔
готель
Grand
호스텔
турбаза
ROOMS
EXCHANGE
환전소
обмінний пункт
여행가방
валіза
자동차
автомобіль

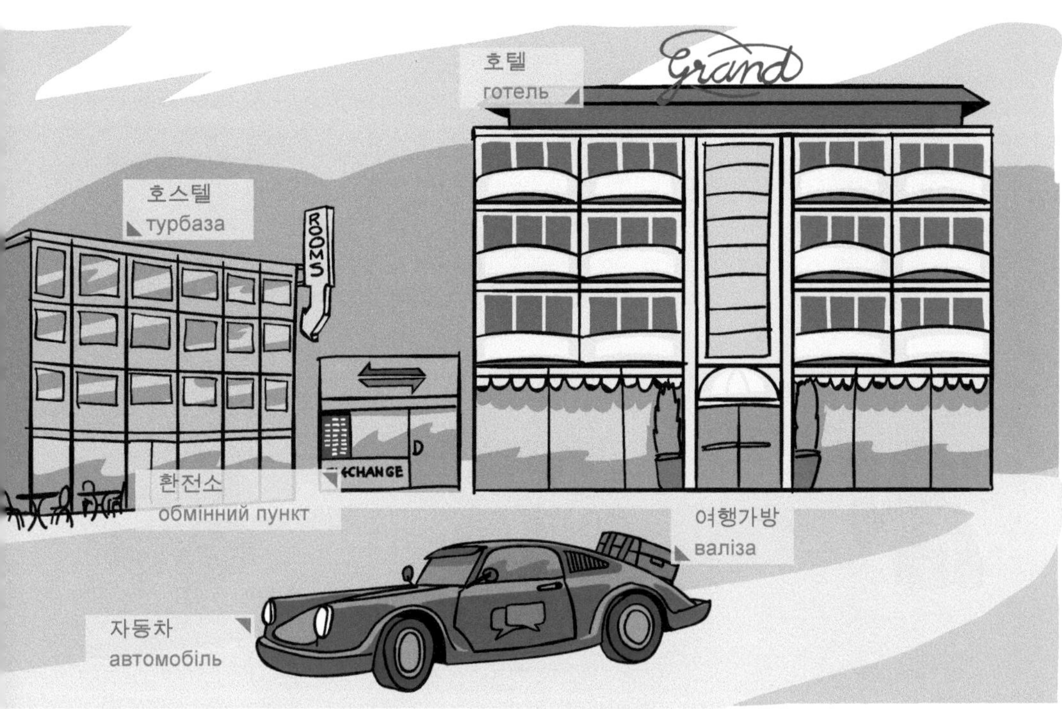

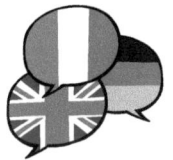

언어

мова

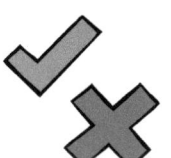

예 / 아니오

так / ні

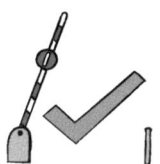

좋아

добре

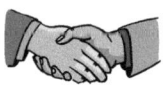

안녕

привіт

번역가

перекладач

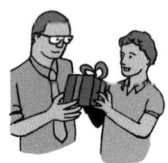

고마워, 고마워요

дякую

… 얼마입니까?

Скільки коштує …?

나는 이해하지 못합니다

Я не розумію

문제

проблема

안녕하세요!

Добрий вечір!

안녕하세요!

Доброго ранку!

잘자요!

На добраніч!

또 만나요

До побачення

방향

напрямок

수하물

багаж

가방

сумка

배낭

рюкзак

손님

гість

방

кімната

침낭

спальний мішок

텐트

намет

**여행 안내**

туристична інформація

**해변**

пляж

**신용카드**

кредитна картка

**아침식사**

сніданок

**점심식사**

обід

**저녁식사**

вечеря

**승차권**

квиток

**승강기**

ліфт

**우표**

поштова марка

**경계**

межа

**세관**

митниця

**대사관**

посольство

**비자**

віза

**여권**

паспорт

# 운반

## транспорт

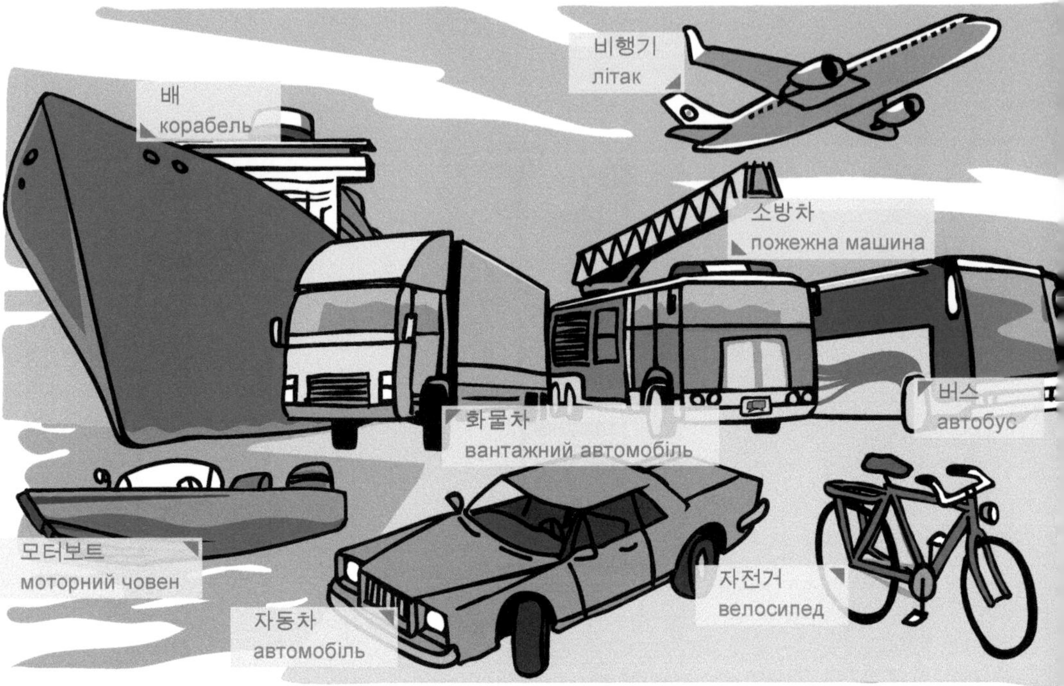

비행기
літак
배
корабель
소방차
пожежна машина
버스
автобус
화물차
вантажний автомобіль
모터보트
моторний човен
자전거
велосипед
자동차
автомобіль


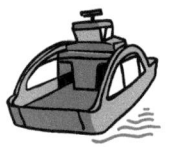

페리

пором

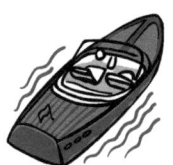

보트

човен

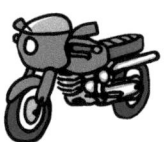

오토바이

мотоцикл

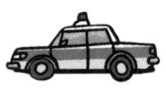

경찰차

поліцейська машина

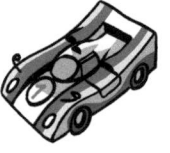

경주차

гоночний автомобіль

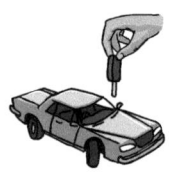

렌트카

автомобіль на прокат

카셰어링

іільне користування авто

견인차

евакуатор

쓰레기차

сміттєвоз

모터

двигун

연료

паливо

주유소

автозаправна станція

교통 표지

дорожній знак

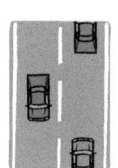

교통

рух

교통 정체

затор

주차장

стоянка

기차역

вокзал

트랙터

рейки

기차

потяг

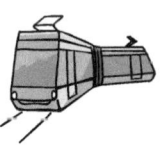

전차

трамвай

객차

вагон

**헬리콥터**

гелікоптер

**공항**

аеропорт

**타워**

вежа

**승객**

пасажир

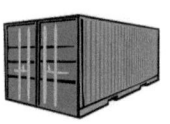

**컨테이너**

контейнер

**상자**

коробка

**카트**

візок

**바구니**

кошик

**출발하다 / 도착하다**

стартувати / приземлятися

# 도시

## місто

**마을**

село

**도심**

центр міста

**집**

дім

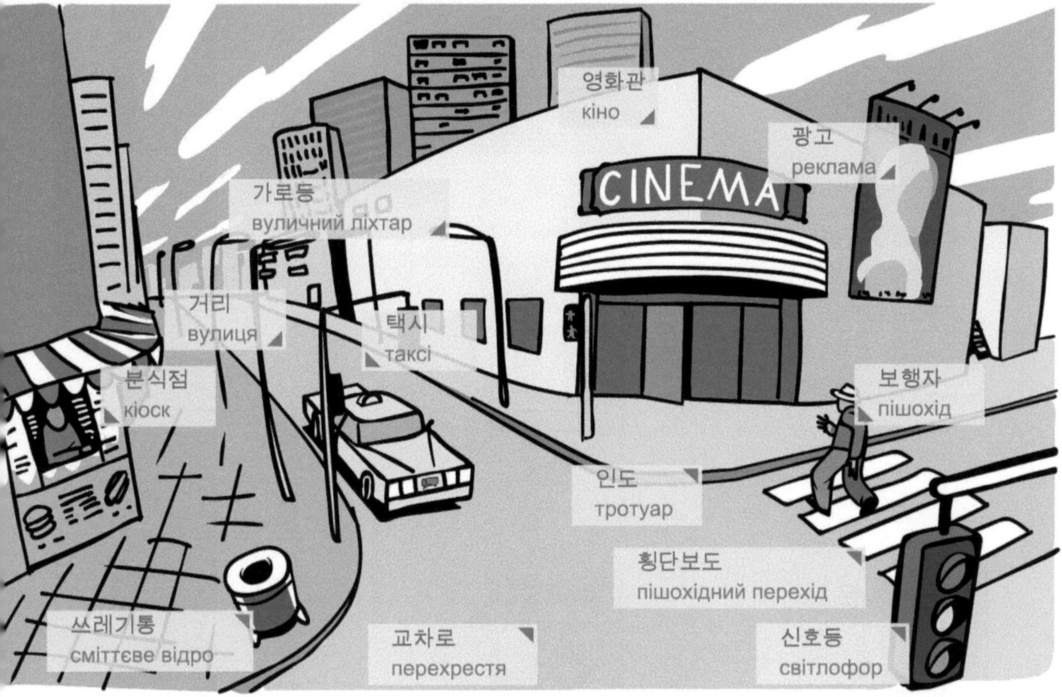

영화관 / кіно

광고 / реклама

가로등 / вуличний ліхтар

CINEMA

거리 / вулиця

택시 / таксі

보행자 / пішохід

분식점 / кіоск

인도 / тротуар

횡단보도 / пішохідний перехід

쓰레기통 / сміттєве відро

교차로 / перехрестя

신호등 / світлофор

오두막
хатина

주택
квартира

기차역
вокзал

시청
ратуша

박물관
музей

학교
школа

도시 - місто

대학교

університет

은행

банк

병원

лікарня

호텔

готель

약국

аптека

사무실

офіс

서점

книжковий магазин

상점

магазин

꽃가게

квітковий магазин

수퍼마켓

супермаркет

시장

ринок

백화점

універмаг

생선가게

торговець рибою

쇼핑 센터

торговельний центр

항구

гавань

도시 - місто

**공원**
파рк

**벤치**
лава

**다리**
міст

**계단**
сходи

**지하철**
метро

**터널**
тунель

**버스 정류장**
автобусна зупинка

**바**
бар

**레스토랑**
ресторан

**우체통**
поштова скринька

**도로 표지판**
вулична табличка

**주차료 징수기**
лічильник паркування

**동물원**
зоопарк

**수영장**
басейн

**모스크 사원**
мечеть

농장

ферма

환경오염

забруднення
навколишнього
середовища

공동묘지

кладовище

교회

церква

놀이터

дитячий майданчик

절

храм

# 풍경
## ландшафт

잎
листок

이정표
вказівний стовп

길
шлях

초원
луг

돌
камінь

나무
дерево

도보여행자
мандрівник

강
річка

잔디
трава

꽃
квітка

계곡

долина

산

гора

호수

озеро

숲

ліс

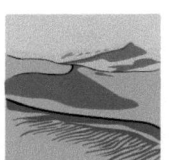

사막

пустеля

화산

вулкан

성

замок

무지개

веселка

버섯

гриб

야자나무

пальма

모기

комар

파리

муха

개미

мурашка

벌

бджола

거미

павук

딱정벌레
........
жук

개구리
........
жаба

다람쥐
........
вивірка

고슴도치
........
їжак

토끼
........
заєць

부엉이
........
сова

새
........
птах

백조
........
лебідь

맷돼지
........
кабан

사슴
........
олень

순록
........
лось

댐
........
гребля

풍력 터빈
........
вітряк

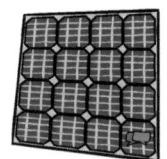

태양광 전지판
........
сонячний модуль

기후
........
клімат

풍경 - ландшафт

# 레스토랑

## ресторан

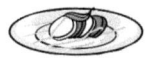

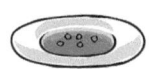

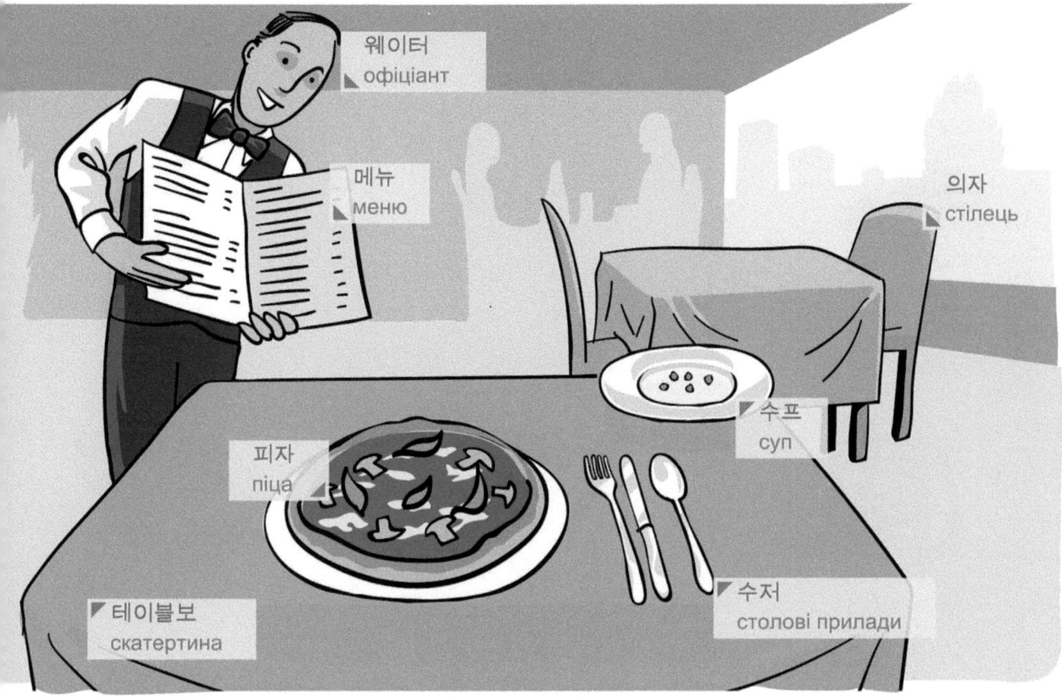

웨이터
офіціант
메뉴
меню
의자
стілець
수프
суп
피자
піца
테이블보
скатертина
수저
столові прилади


전채요리

закуска

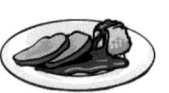

주요리

друга страва

후식

десерт

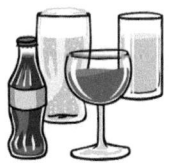

음료수

напої

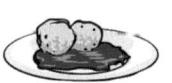

음식

їжа

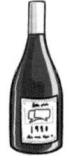

병

пляшка

**인스턴트 식품**

фаст-фуд

**길거리음식**

вулична їжа

**찻주전자**

чайник

**설탕통**

цукорниця

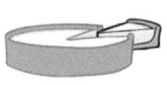

**인분**

порція

**에스프레소 머신**

еспресо-машина

**높은 의자**

високий стільчик

**계산서**

рахунок

**쟁반**

піднос

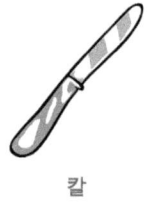

**칼**

ніж

**포크**

вилка

**숟가락**

ложка

**찻숟가락**

чайна ложка

**냅킨**

серветка

**유리잔**

склянка

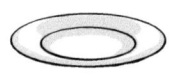

접시

тарілка

수프 그릇

тарілка для супу

컵 받침

блюдце

소스

соус

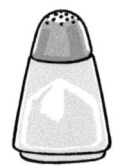

소금통

солонка

후추통

млин для перцю

식초

оцет

기름

масло

양념

спеції

케첩

кетчуп

겨자

гірчиця

마요네즈

майонез

# 수퍼마켓

## супермаркет

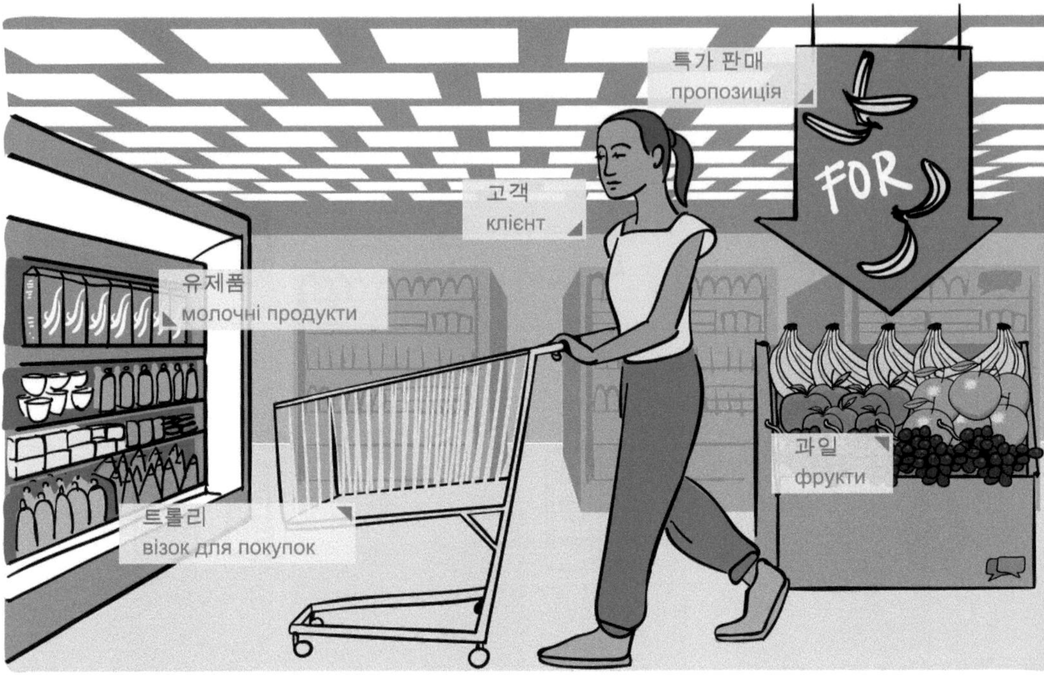

특가 판매
пропозиція
FOR
고객
клієнт
유제품
молочні продукти
과일
фрукти
트롤리
візок для покупок


BUTCHERS


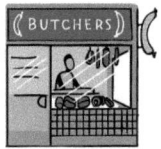

정육점

м'ясний магазин

BAKERY


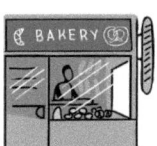

빵집

пекарня

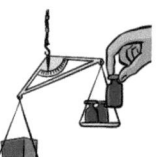

무게가 나가다

зважувати

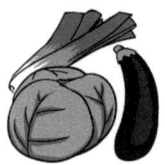

채소

овочі

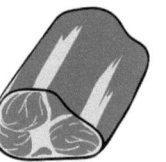

고기

м'ясо

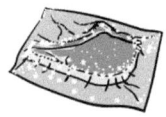

냉동식품

заморожені продукти

**냉육**

ковбасна нарізка

**통조림**

консерви

**가루 세제**

пральний порошок

**달콤한 간식**

солодощі

**가정용품**

предмети домашнього побуту

**세척제**

мийний засіб

**판매원**

продавщиця

**계산대**

каса

**계산원**

касир

**구매목록**

список покупок

**문 여는 시간**

часи роботи

**지갑**

гаманець

**신용카드**

кредитна картка

**가방**

сумка

**비닐 봉투**

поліетиленовий пакет

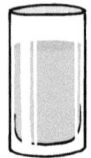

물

вода

주스

сік

우유

молоко

콜라

кола

와인

вино

맥주

пиво

술

алкоголь

카카오

какао

차고

чай

커피

кава

에스프레소

еспресо

카푸치노

капучіно

바나나

банан

사과

яблуко

오렌지

апельсин

수박

кавун

레몬

лимон

당근

морква

마늘

часник

대나무

бамбук

양파

цибуля

버섯

гриб

견과류

горішки

국수

локшина

**스파게티**

спагеті

**쌀**

рис

**샐러드**

салат

**감자칩**

картопля фрі

**감자튀김**

смажена картопля

**피자**

піца

**햄버거**

гамбургер

**샌드위치**

бутерброд

**커틀렛**

шніцель

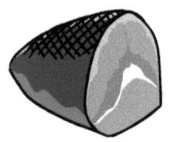

**햄**

шинка

**살라미**

салямі

**소시지**

ковбаса

**닭**

курка

**구이**

печеня

**생선**

риба

**오트밀**

вівсяні пластівці

**뮤슬리**

мюслі

**콘플레이크**

кукурудзяні пластівці

**밀가루**

борошно

**크루아상**

круасан

**롤빵**

булочка

**빵**

хліб

**토스트**

тостовий хліб

**비스킷**

печиво

**버터**

масло

**응유**

сир

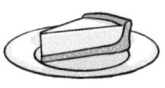

**케이크**

пиріг

**달걀**

яйце

**계란 후라이**

яєчня

**치즈**

сир

아이스크림

морозиво

설탕

цукор

꿀

мед

잼

мармелад

누가 크림

нуга-крем

카레

карі

# 농장

# ферма

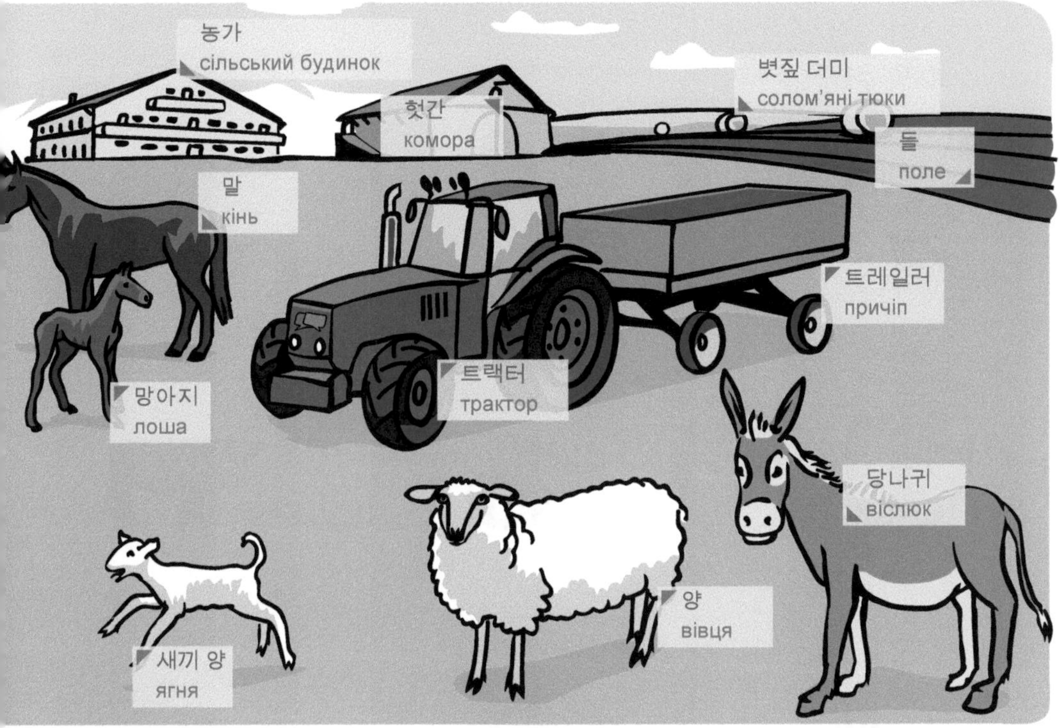

농가
сільський будинок
헛간
комора
볏짚 더미
солом'яні тюки
들
поле
말
кінь
트레일러
причіп
트랙터
трактор
망아지
лоша
당나귀
віслюк
양
вівця
새끼 양
ягня


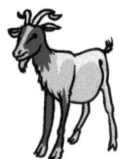

염소

коза

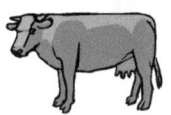

암소

корова

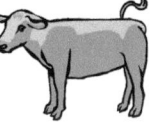

송아지

теля

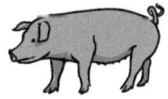

돼지

свиня

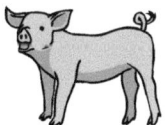

새끼 돼지

порося

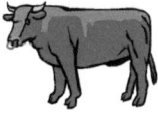

황소

бик

거위

гусак

오리

качка

병아리

курча

암탉

курка

수탉

півень

쥐

щур

고양이

кіт

생쥐

миша

황소

віл

개

собака

개집

собача будка

정원용 호스

садовий шланг

물뿌리개

лійка

큰 낫

коса

쟁기

плуг

낫

серп

괭이

мотика

쇠스랑

вила

도끼

сокира

외바퀴 손수레

тачка

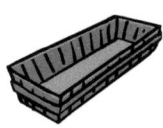

여물통

корито

우유 캔

бідон молока

부대

мішок

울타리

паркан

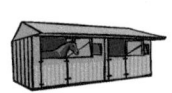

축사

хлів

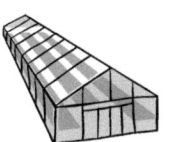

비닐하우스

теплиця

땅

ґрунт

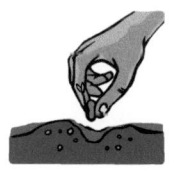

씨앗

насіння

거름

добриво

콤바인

комбайн

농장 - ферма

수확하다

пожинати

수확

урожай

참마

корінь ямсу

밀

пшениця

콩

соя

감자

картопля

옥수수

кукурудза

유채씨

ріпак

과일나무

плодове дерево

카사바

маніок

곡식

злаки

집

굴뚝
димохід

지붕
дах

낙수 홈통
водостічний лоток

창문
вікно

차고
гараж

초인종
дзвінок

문
двері

쓰레기통
відро для сміття

우편함
поштова скринька

정원
сад

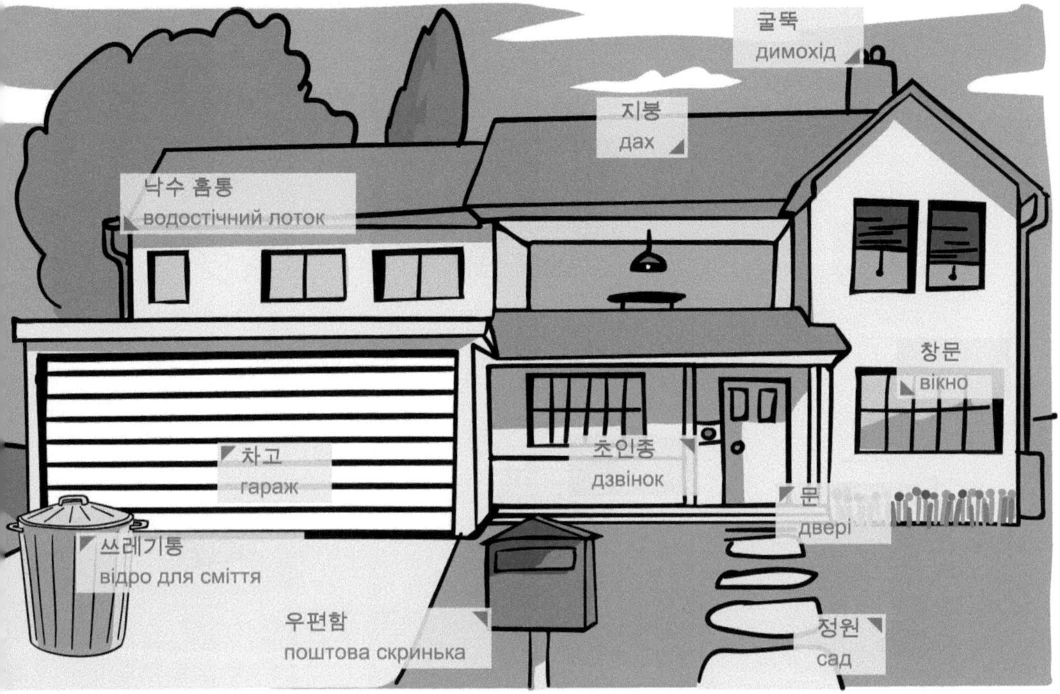

응접실

вітальня

욕실

ванна кімната

부엌

кухня

침실

спальня

아이들 방

дитяча кімната

식사실

їдальня

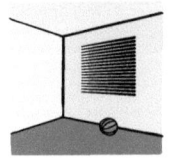

바닥

підлога

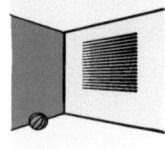

벽

стіна

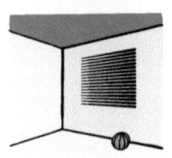

천장

стеля

지하실

підвал

사우나

сауна

발코니

балкон

테라스

тераса

수영장

басейн

잔디 깎는 기계

косарка

침대 시트

простирало

이불

ковдра

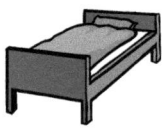

침대

ліжко

빗자루

мітла

양동이

відро

스위치

перемикач

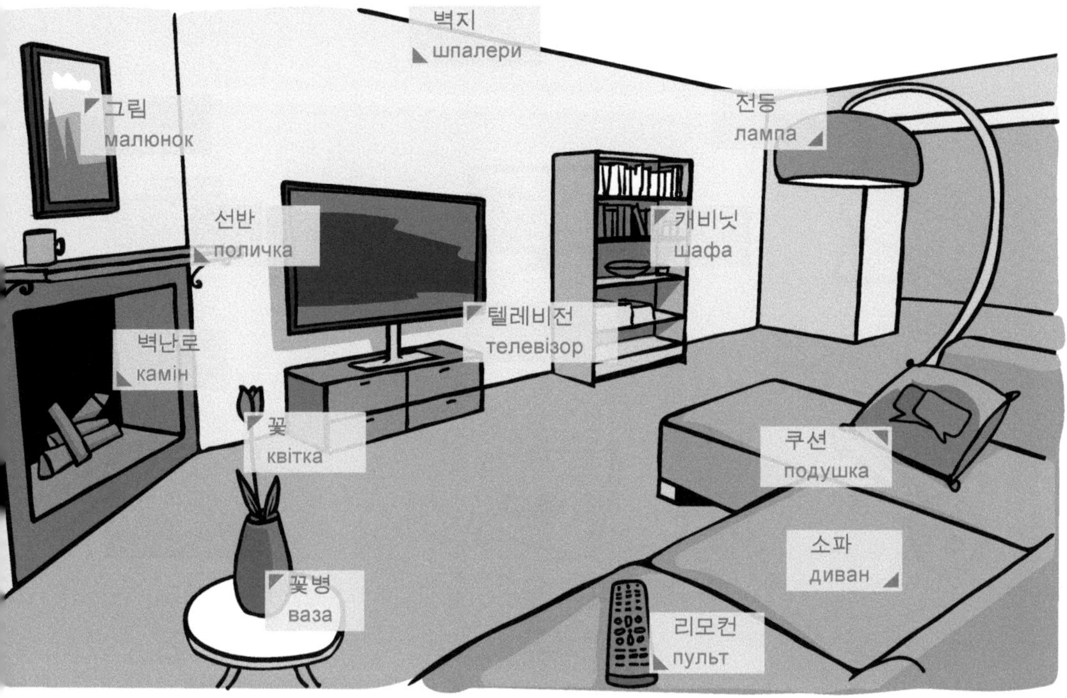

벽지
шпалери

그림
малюнок

전등
лампа

선반
поличка

캐비닛
шафа

벽난로
камін

텔레비전
телевізор

꽃
квітка

쿠션
подушка

꽃병
ваза

소파
диван

리모컨
пульт

카페트
килим

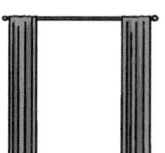

커튼
завіса

탁자
стіл

의자
стілець

흔들의자
крісло-гойдалка

안락의자
крісло

책
книга

담요
ковдра

장식
прикраса

뗄감나무
дрова

영화
фільм

하이파이 기기
стереосистема

열쇠
ключ

신문
газета

회화
картина

포스터
плакат

라디오
радіо

노트
блокнот

진공청소기
пилосос

선인장
кактус

초
свічка

# 부엌
## кухня

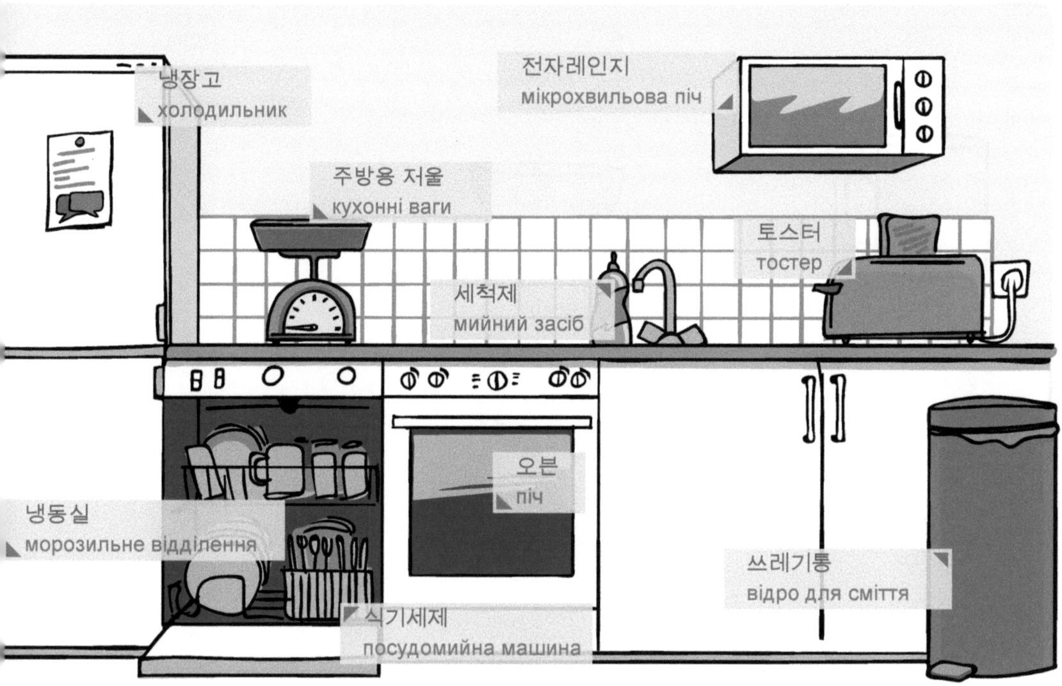

냉장고
холодильник
전자레인지
мікрохвильова піч
주방용 저울
кухонні ваги
토스터
тостер
세척제
мийний засіб
오븐
піч
냉동실
морозильне відділення
쓰레기통
відро для сміття
식기세제
посудомийна машина


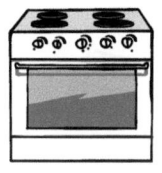

쿠커
плита

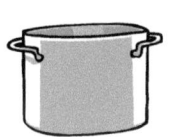

냄비
горщик

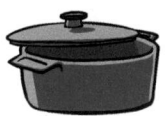

주철 냄비
чавунний горщик

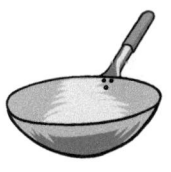

웍 / 카다이 냄비
вок / кадай

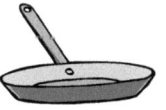

프라이팬
сковорода

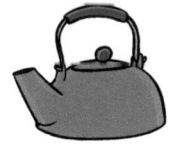

주전자
чайник

**찜기**

пароварка

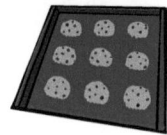

**오븐 구이용 쟁반**

лист

**그릇**

посуд

**머그**

кухоль

**양푼이**

чаша

**젓가락**

палички для їжі

**국자**

черпак

**주걱**

лопатка

**거품기**

вінчик для збивання

**여과기**

сито

**체**

сито

**강판**

терка

**절구**

ступка

**바베큐**

барбекю

**화덕**

багаття

도마

дошка

밀방망이

качалка

코르크 병따개

штопор

캔

конзерва

캔 따개

відкривачка

냄비 받침

прихватки

개수대

раковина

솔

щітка

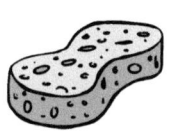

수세미

губка

블렌더

міксер

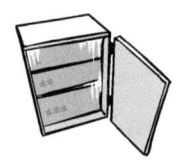

냉동고

морозильна камера

젖병

дитяча пляшка

수도꼭지

кран

# 욕실

## ванна кімната

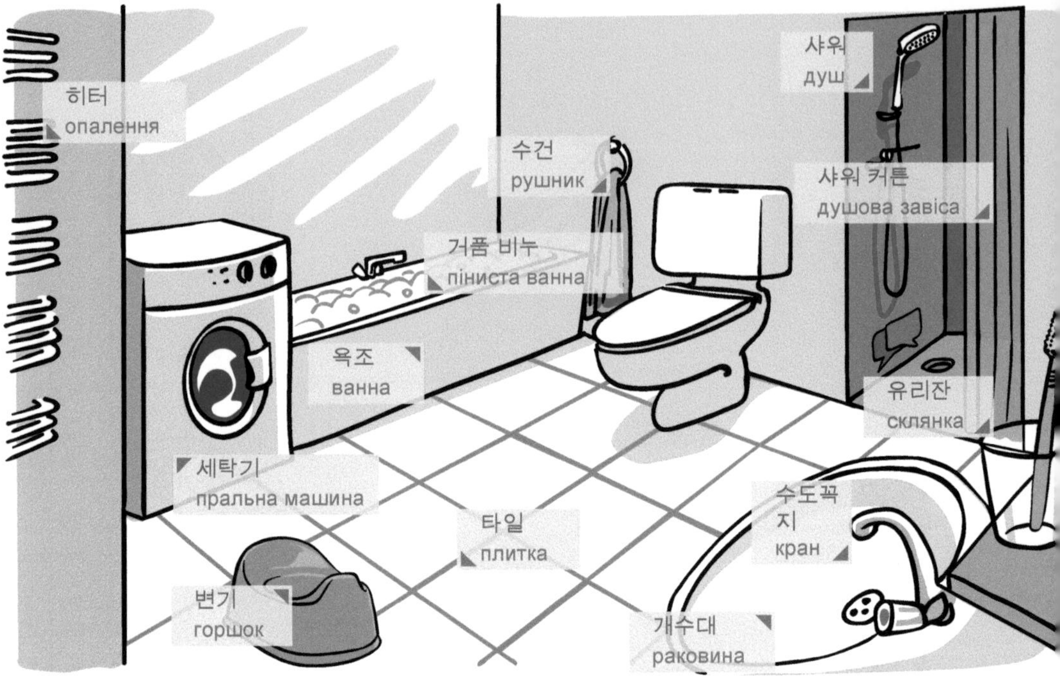
히터
опалення
샤워
душ
수건
рушник
샤워 커튼
душова завіса
거품 비누
пiниста ванна
욕조
ванна
유리잔
склянка
세탁기
пральна машина
수도꼭
지
кран
타일
плитка
변기
горшок
개수대
раковина

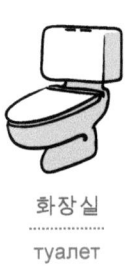

화장실

туалет

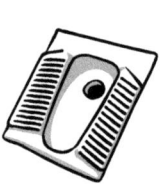

재래식 화장실

підлоговий туалет

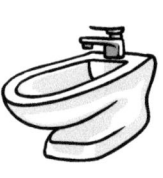

비데

біде

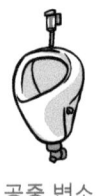

공중 변소

пісуар

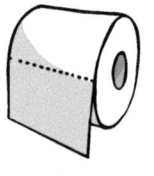

화장지

туалетний папір

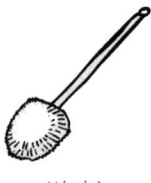

변기솔

щітка для туалету

**치솔**

зубна щітка

**치약**

зубна паста

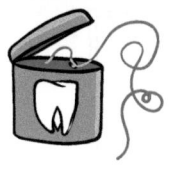

**치실**

нитка для чищення зубів

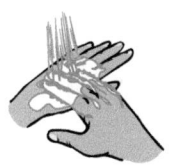

**씻다**

мити

**샤워기**

ручний душ

**질 세척제**

інтимний душ

**대야**

таз

**등밀이솔**

щітка для спини

**비누**

мило

**샤워 젤**

гель для душу

**샴푸**

шампунь

**물걸레**

мочалка

**배수관**

водостік

**크림**

крем

**체취 제거제**

дезодорант

**거울**

дзеркало

**휴대용 거울**

косметичне дзеркало

**면도기**

бритва

**면도 거품**

піна для гоління

**에프터쉐이브**

лосьйон після гоління

**빗**

гребінь

**솔**

щітка

**헤어드라이기**

фен

**헤어스프레이**

лак для волосся

**메이크업**

косметика

**립스틱**

губна помада

**손톱깎이**

лак для нігтів

**면 솜**

вата

**손톱**

ножиці для нігтів

**향수**

парфум

세면도구 주머니

косметичка

스툴

табурет

저울

ваги

목욕 가운

халат

고무 장갑

гумові рукавички

탐폰

тампон

생리대

гігієнічні прокладки

화학 화장실

біотуалет

# 아이들 방

## дитяча кімната

자명종
будильник
털인형
м'яка іграшка
장난감 차
іграшковий автомобіль
딸랑이
брязкальце
인형의 집
ляльковий будиночок
선물
подарунок


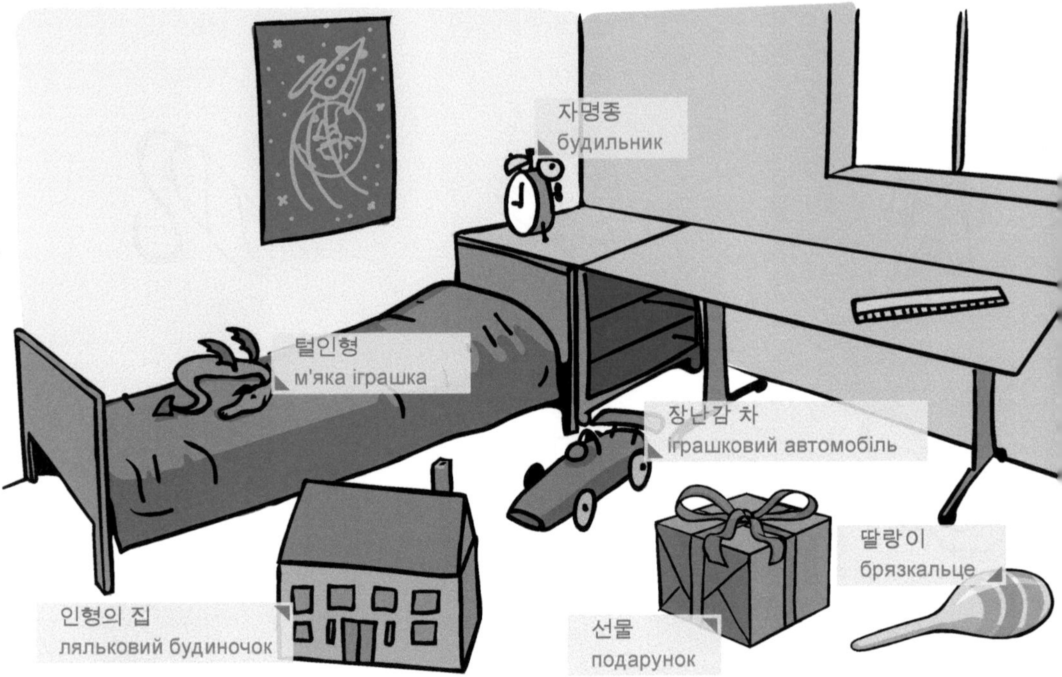

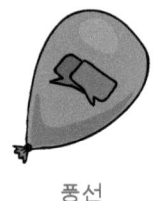

풍선

повітряна кулька

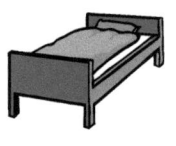

침대

ліжко

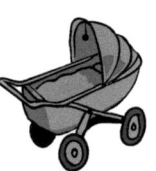

유모차

дитячий візок

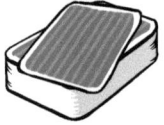

카드 게임

картярська гра

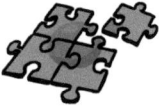

퍼즐

пазл

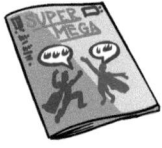

만화

комікс

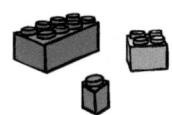

레고

лего цеглинки

장난감 블럭

блоки

액션 캐릭터

іграшкова фігурка

베이비 그로

повзунки

프리스비

фризбі

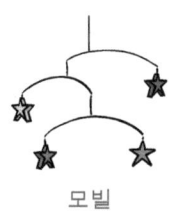

모빌

мобіле

보드 게임

настільна гра

주사위

кубик

기차 모형 세트

модель залізнична станція

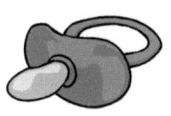

노리개 젖꼭지

соска

파티

вечірка

그림책

книжка з картинками

공

м'яч

인형

лялька

놀다

грати

모래상자

пісочниця

그네

гойдалка

장난감

іграшка

비디오 게임 콘솔

гральна консоль

세바퀴자전거

триколісний велосипед

곰인형

плюшевий мішка

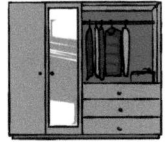

옷장

шафа

## 의복

### ОДЯГ

양말

шкарпетки

스타킹

панчохи

스타킹

колготки

스카프
шарф

우산
парасоля

티셔츠
футболка

허리띠
ремінь

부츠
чоботи

슬리퍼
домашнє взуття

운동화
кросівки

샌들
сандалі

신발
взуття

고무 장화
гумові чоботи

팬티
труси

브래지어
бюстгальтер

러닝 셔츠
нижня сорочка

의복 - одяг

45

바디

боді

바지

штани

청바지

джинси

치마

спідниця

블라우스

блузка

셔츠

сорочка

풀오버

пуловер

후드티

светр

블레이저

піджак

자켓

куртка

외투

пальто

비옷

дощовик

의상

костюм

원피스

сукня

웨딩 드레스

весільна сукня

**양복**

костюм

**나이트가운**

нічна сорочка

**잠옷**

піжама

**사리**

сарі

**두건**

головна хустка

**터번**

чалма

**부르카**

бурка

**카프탄**

кафтан

**아바야**

абая

**수영복**

купальник

**수영바지**

плавки

**반바지**

шорти

**트레이닝복**

тренувальний костюм

**앞치마**

фартух

**장갑**

рукавички

단추

гудзик

안경

окуляри

팔찌

браслет

목걸이

ланцюг

반지

кільце

귀걸이

сережка

캡 모자

шапка

옷걸이

плічка

모자

капелюх

넥타이

краватка

지퍼

застібка-блискавка

헬멧

шолом

멜빵

підтяжки

교복

шкільна форма

유니폼

уніформа

턱받이

나그루드닉

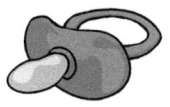

노리개 젖꼭지

соска

기저귀

підгузок

# 사무실
## офіс

서버
сервер

서류 캐비닛
шаф для документів

인쇄기
принтер

모니터
монітор

종이
папір

책상
письмовий стіл

마우스
миша

폴더
папка

자판기
синтезатор

휴지통
кошик для паперу

컴퓨터
комп'ютер

의자
стілець

커피잔

кавовий кухоль

계산기

калькулятор

인터넷

інтернет

노트북

ноутбук

편지

лист

메시지

повідомлення

휴대전화

мобільний телефон

네트워크

мережа

복사기

копіювальний пристрій

소프트웨어

програмне забезпечення

전화

телефон

플러그 소켓

розетка

팩시밀리

факс

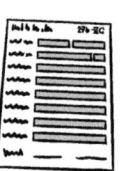

서식

бланк

서류

документ

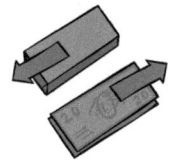

사다

купувати

지불하다

платити

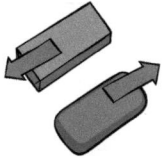

거래하다

торгувати

돈

гроші

달러

долар

유로

євро

엔

ієна

루벨

рубль

스위스 프랑

франк

위안

юднів женьміньбі

루피

рупія

현금인출기

банкомат

환전소

обмінний пункт

금

золото

은

срібло

석유

нафта

에너지

енергія

가격

ціна

계약

контракт

세금

податок

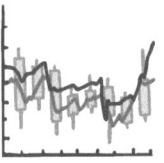

주식

акція

일하다

працювати

근로자

працівник

고용주

роботодавець

공장

фабрика

상점

магазин

# 직업

## професії

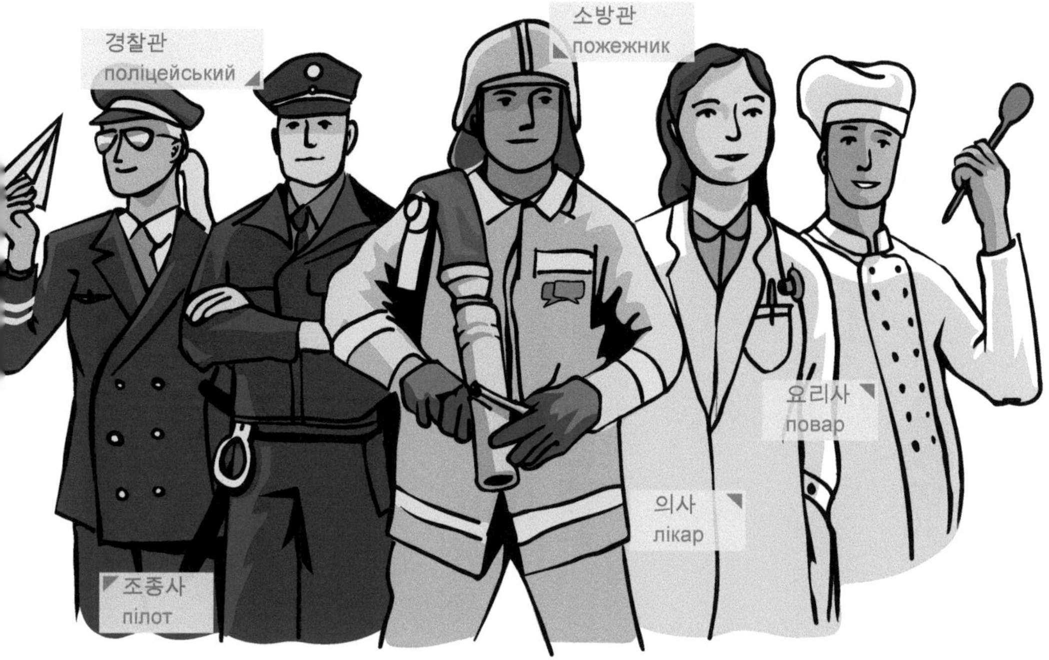

경찰관
поліцейський
소방관
пожежник
요리사
повар
의사
лікар
조종사
пілот


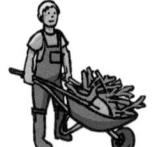

정원사

садівник

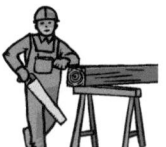

목수

столяр

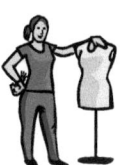

수선공

швачка

판사

суддя

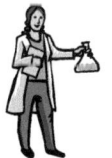

화학자

хімік

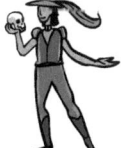

배우

актор

버스운전사

водій автобуса

택시 운전사

таксист

어부

рибалка

청소부

прибиральниця

지붕 수리자

покрівельник

웨이터

офіціант

사냥꾼

мисливець

화가

художник

제빵사

пекар

전기업자

електрик

건축업자

будівельник

엔지니어

інженер

정육점업자

забійник

배관업자

бляхар

우편물 배달부

листоноша

군인

солдат

건축가

архітектор

계산원

касир

플로리스트

флорист

미용사

перукар

검표원

кондуктор

정비사

механік

선장

капітан

치과의사

дантист

학자

вчений

유대교 라비

рабин

이맘

імам

수도승

монах

사제

пастор

# 연장
# інструменти

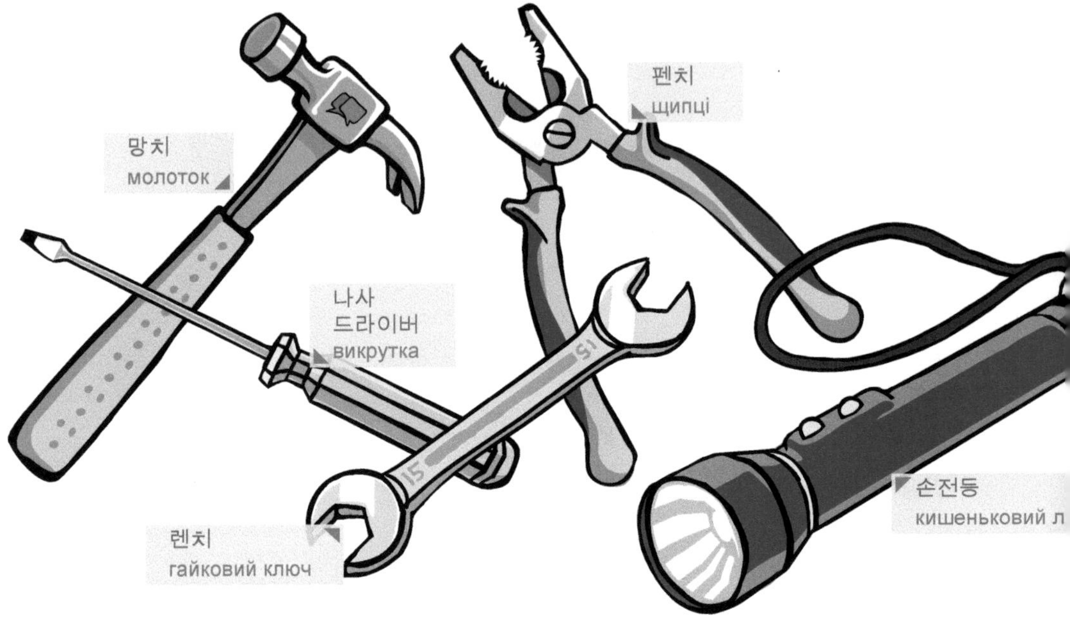

망치
молоток
펜치
щипці
나사
드라이버
викрутка
렌치
гайковий ключ
손전등
кишеньковий л


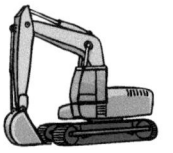

굴삭기

екскаватор

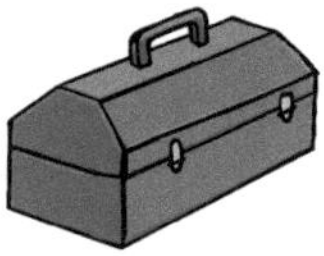

연장통

ящик для інструментів

사다리

драбина

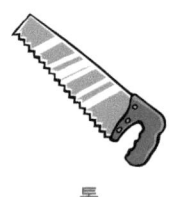

톱

пилка

못

цвяхи

드릴

свердло

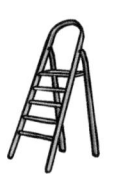

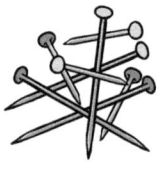

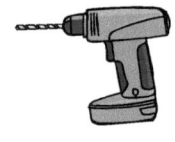

수리하다
ремонтувати

삽
лопата

젠장!
лайно!

쓰레받기
совок

페인트통
відро з фарбою

나사
гвинти

# 악기

## музичні інструменти

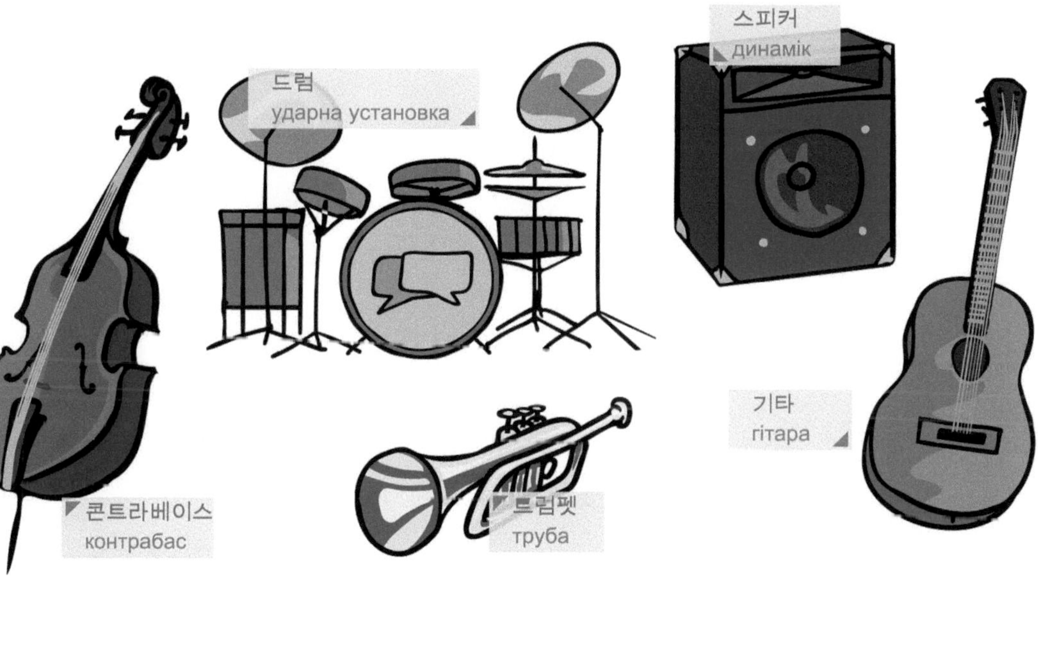

스피커
динамік

드럼
ударна установка

콘트라베이스
контрабас

트럼펫
труба

기타
гітара

피아노

фортепіано

바이올린

скрипка

베이스

бас

팀파니

литаври

북

барабан

키보드

клавіатура

색소폰

саксофон

플루트

флейта

마이크

мікрофон

# 동물원

## зоопарк

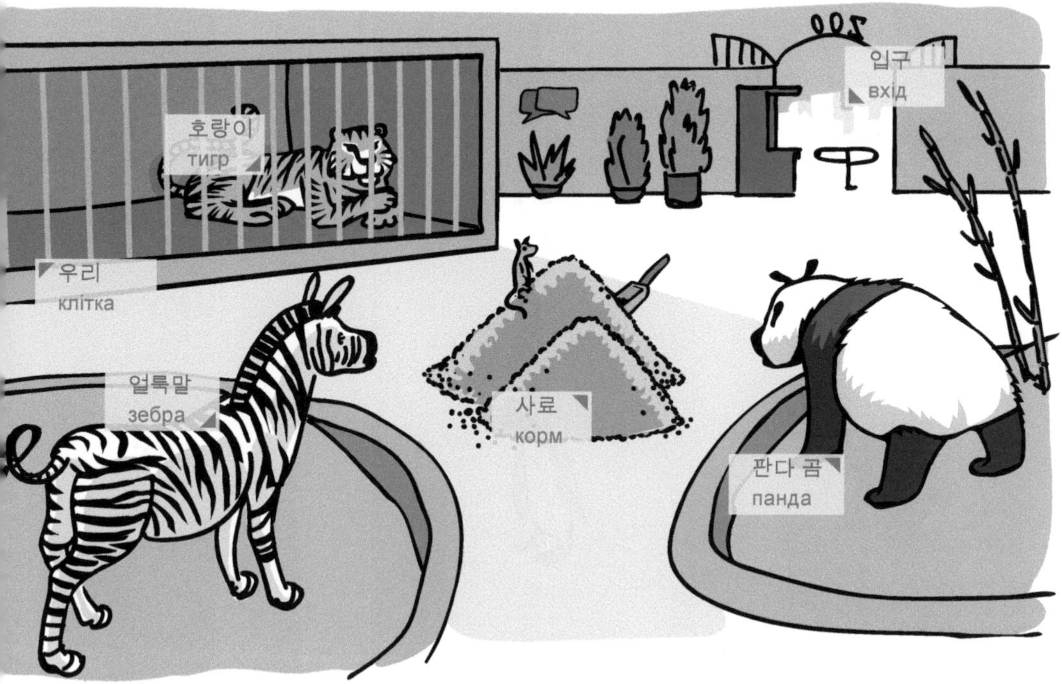

입구
вхід
호랑이
тигр
우리
клітка
얼룩말
зебра
사료
корм
판다 곰
панда


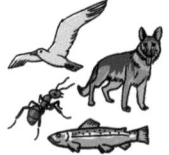

동물

тварини

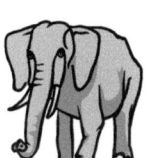

코끼리

слон

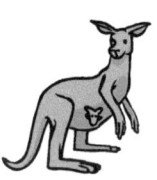

캥거루

кенгуру

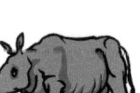

코뿔소

носоріг

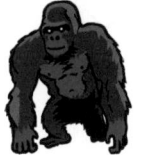

고릴라

горила

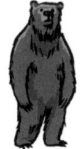

곰

ведмідь

낙타

верблюд

타조

страус

사자

лев

원숭이

мавпа

홍학

фламінго

앵무새

папуга

북극곰

білий ведмідь

펭귄

пінгвін

상어

акула

공작

павич

뱀

змія

악어

крокодил

동물원 사육사

працівник зоопарку

물개

тюлень

재규어

ягуар

조랑말

포니

표범

леопард

하마

гіпопотам

기린

жираф

독수리

орел

맷돼지

кабан

생선

риба

거북이

черепаха

바다코끼리

морж

여우

писиця

영양

газель

# 스포츠
## спорт

미식축구
американський футбол

자전거 경기
їзда на велосипеді

테니스
теніс

농구
баскетбол

수영
плавання

권투
бокс

아이스하키
хокей

축구

футбол

배드민턴

бадмінтон

육상 경기

легка атлетика

핸드볼

гандбол

스키

лижні перегони

폴로

поло

뛰어오르다
стрибати

포옹하다
обіймати

웃다
сміятися

걷다
йти

노래하다
співати

기도하다
молитися

입맞추다
цілувати

꿈꾸다
мріяти

쓰다
писати

그리다
малювати

보여주다
показувати

밀다
тиснути

주다
давати

받다
брати

가지다

мати

행하다

робити

...이다

бути

서있다

стояти

뛰다

бігати

당기다

тягнути

던지다

кидати

떨어지다

падати

누워있다

лежати

기다리다

очікувати

운반하다

носити

앉다

сидіти

옷을 입다

одягати

자다

спати

깨다

просипатися

보다

дивитися

울다

плакати

쓰다듬다

гладити

빗다

розчісувати

말하다

розмовляти

이해하다

розуміти

묻다

питати

듣다

слухати

마시다

пити

먹다

їсти

정리하다

прибирати

사랑하다

любити

요리하다

варити

주행하다

їхати

날다

літати

해항하다

йти під вітрилом

계산하다

рахувати

읽다

читати

배우다

вчитися

일하다

працювати

결혼하다

одружуватися

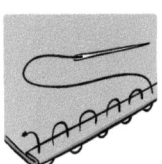

바느질하다

шити

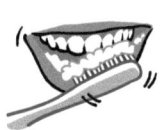

이를 닦다

чистити зуби

죽이다

убивати

담배 피우다

курити

보내다

посилати

할머니
바буся

할아버지
дідуся

아버지
батько

어머니
мати

아기
немовля

딸
донька

아들
син

손님

гість

이모 / 고모

тітка

삼촌

дядько

형제

брат

자매

сестра

# 몸통

## тіло

이마
чоло
눈
око
어깨
плече
손가락
палець
얼굴
обличчя
턱
підборіддя
손가락
кисть
다리
нога
가슴
груди
팔
рука


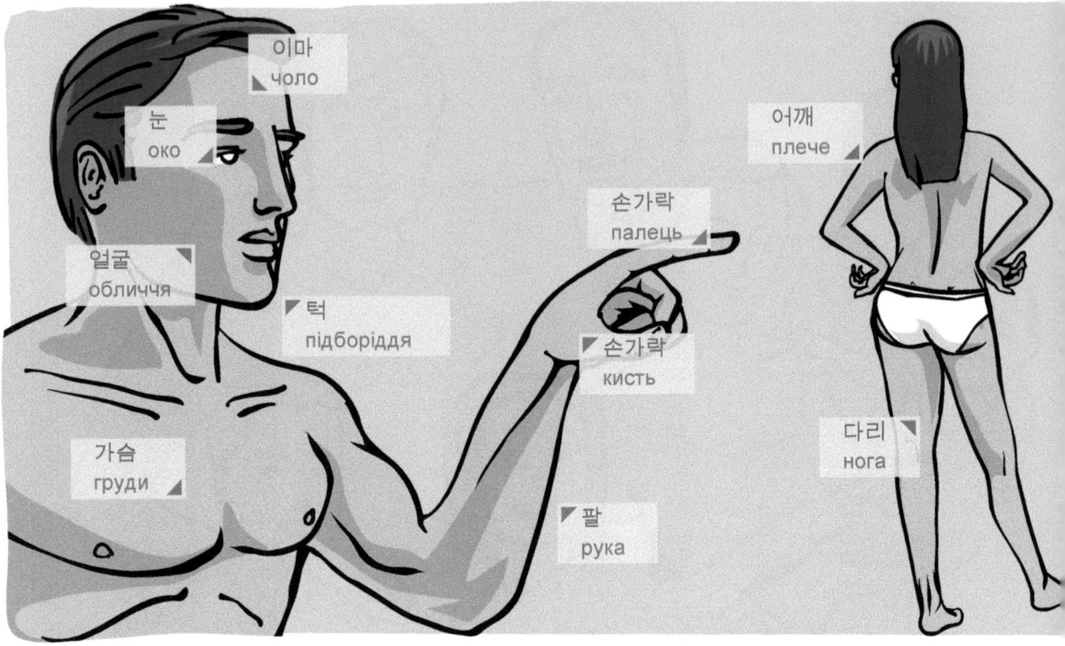

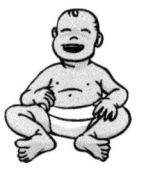

아기

немовля

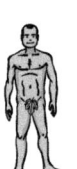

남자

чоловік

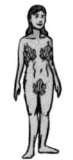

여자

жінка

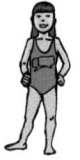

소녀

дівчина

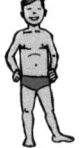

소년

хлопчик

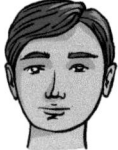

머리카락

голова

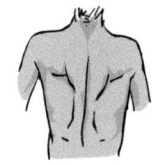

등

спина

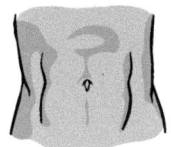

배

живіт

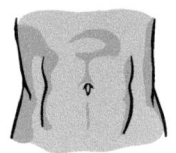

배꼽

пуп

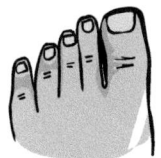

발가락

палець ноги

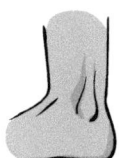

발꿈치

п'ята

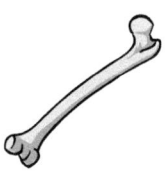

뼈

кістка

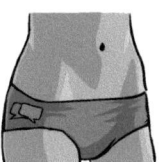

엉덩이

стегно

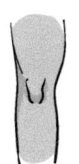

무릎

коліно

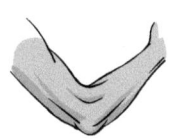

팔꿈치

лікоть

코

ніс

둔부

сідниці

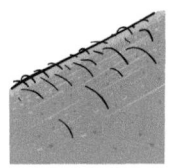

피부

шкіра

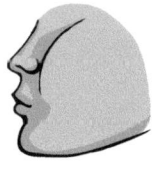

뺨

щока

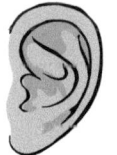

귀

вухо

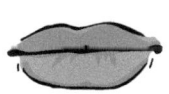

입술

губа

몸통 - тіло

입
........
рот

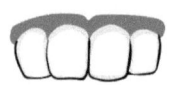

치아
........
зуб

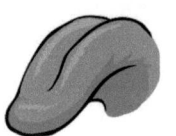

혀
........
язик

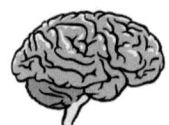

뇌
........
мозок

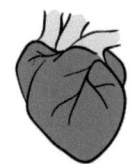

심장
........
серце

근육
........
м'яз

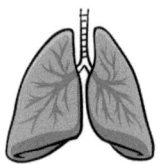

허파
........
легені

간
........
печінка

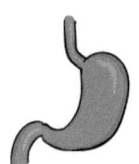

위
........
шлунок

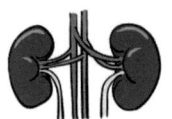

신장
........
нирки

성교
........
статевий акт

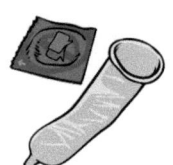

콘돔
........
презерватив

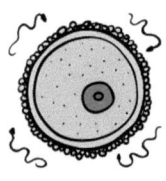

난자
........
яйцеклітина

정자
........
сперма

임신
........
вагітність

몸통 - тіло

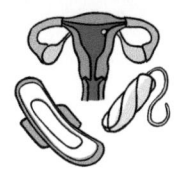

월경
........................
менструація

질
........................
вагіна

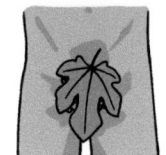

음경
........................
пеніс

눈썹
........................
брова

머리카락
........................
волосся

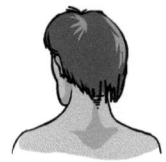

목
........................
шия

# 병원
## лікарня

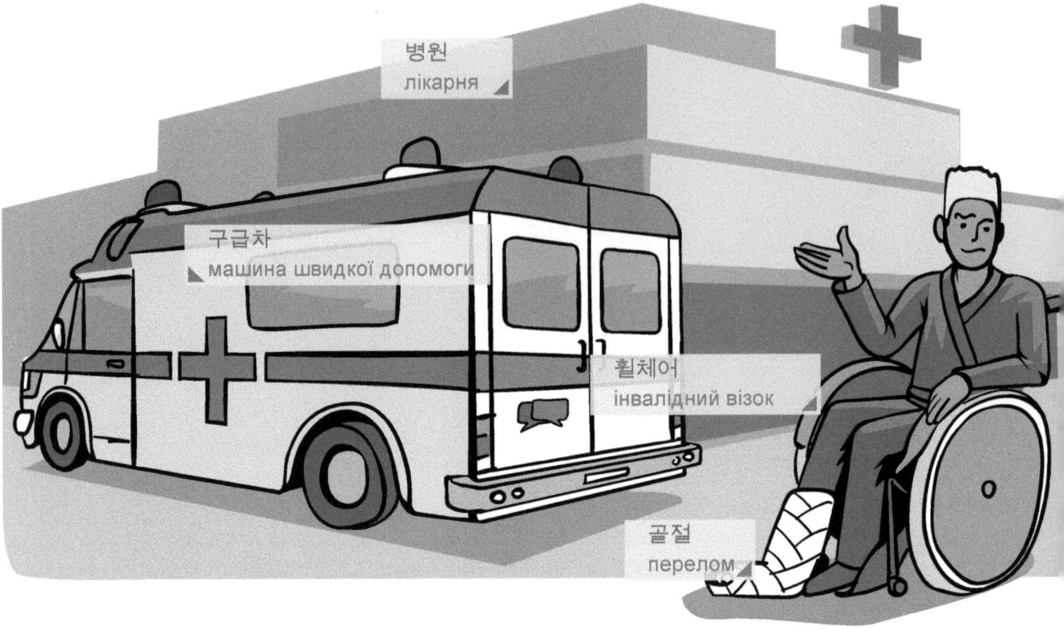

병원
лікарня

구급차
машина швидкої допомоги

휠체어
інвалідний візок

골절
перелом

의사

лікар

응급실

відділення швидкої
медичної допомоги

간호사

медсестра

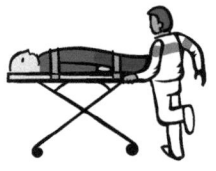

응급상황

аварійний випадок

혼수상태

непритомний

통증

біль

**부상**

травма

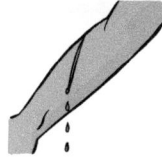

**출혈**

кровотеча

**심장마비**

інфаркт

**뇌졸증**

інсульт

**알러지**

алергія

**기침**

кашель

**열**

лихоманка

**독감**

грип

**설사**

пронос

**두통**

головна біль

**암**

рак

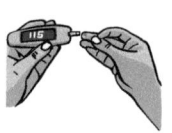

**당뇨병**

діабет

**외과의**

хірург

**수술용 메스**

скальпель

**수술**

операція

CT
КТ

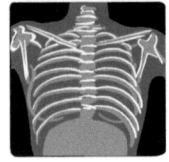

엑스레이
рентген

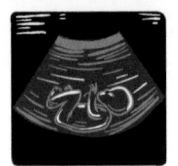

초음파
ультразвук

마스크
маска

질병
хвороба

대기실
зал очікування

목발
милиця

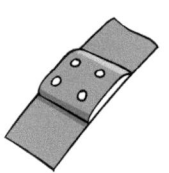

반창고
пластир

붕대
пов'язка

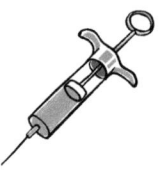

주사
ін'єкція

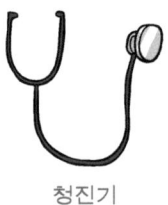

청진기
стетоскоп

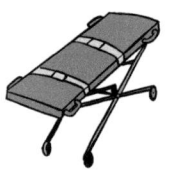

들것
ноші

체온계
термометр

출생
народження

과체중
надмірна вага

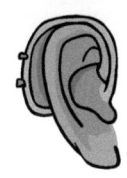

**보청기**

слуховий апарат

**소독약**

дезінфікуючий засіб

**감염**

інфекція

**바이러스**

вірус

**HIV / AIDS**

ВІЛ / СНІД

**의학**

медицина

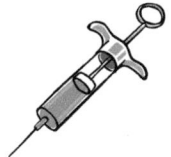

**예방접종**

вакцинація

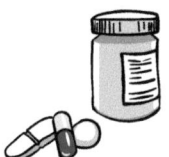

**알약**

таблетки

**알약**

протизаплідна пігулка

**구급 전화**

екстрений виклик

**혈압측정기**

тонометр

**병든 / 건강한**

хворий / здоровий

도와주세요!
Допоможіть!

경보음
сигнал тривоги

폭행
напад

공격
атака

위험
небезпека

비상구
аварійний вихід

불이야!
Вогонь!

소화기
вогнегасник

사고
аварія

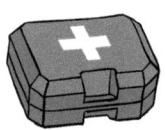

구급 상자
аптечка

SOS
СОС

경찰
поліція

유럽

Європа

북미

Північна Америка

남미

Південна Америка

아프리카

Африка

아시아

Азія

호주

Австралія

북극

Атлантика

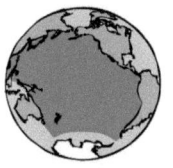

태평양

Тихий океан

인도양

Індійський океан

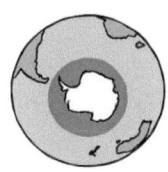

남극해

Антарктичний океан

북극해

Північний Льодовитий океан

북극해

Північний полюс

남극해

Південний полюс

남극

Антарктика

지구

Земля

육지

суша

바다

море

섬

острів

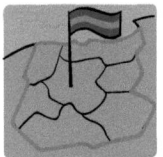

국가

нація

주

держава

시계 문자판

циферблат

시침

годинникова стрілка

분침

хвилинна стрілка

초침

секундна стрілка

몇 시입니까?

Котра година?

일

день

시간

час

지금

зараз

디지털 시계

цифровий годинник

분

хвилина

시간

година

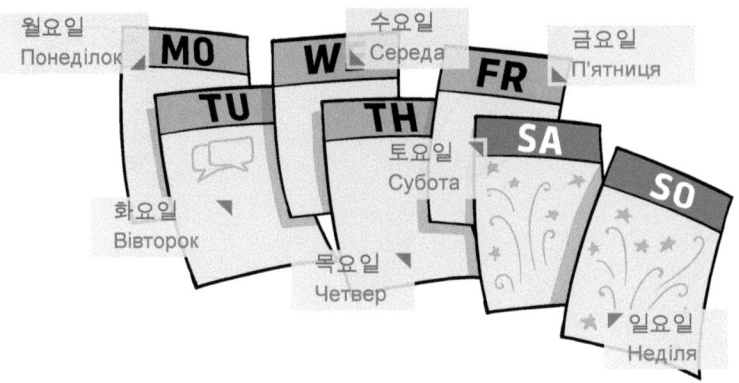

월요일 / Понеділок — MO
화요일 / Вівторок — TU
수요일 / Середа — W
목요일 / Четвер — TH
금요일 / П'ятниця — FR
토요일 / Субота — SA
일요일 / Неділя — SO

어제

вчора

오늘

сьогодні

내일

завтра

아침

ранок

정오

опівдні

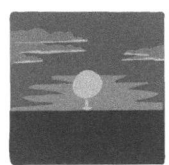

저녁

вечір

근로일

робочі дні

주말

кінець робочого тижня

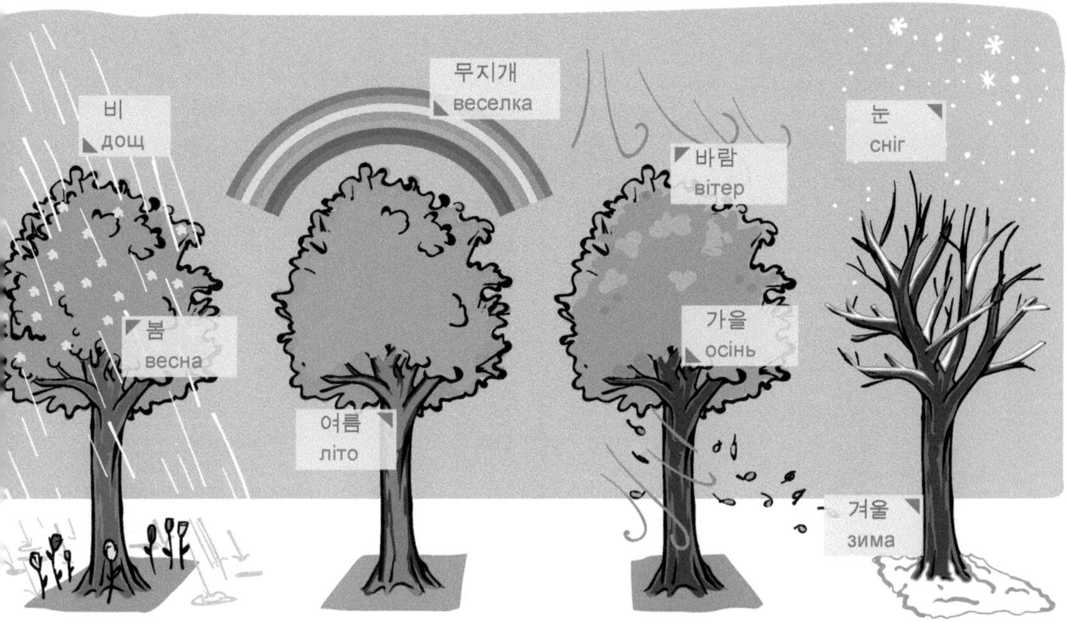

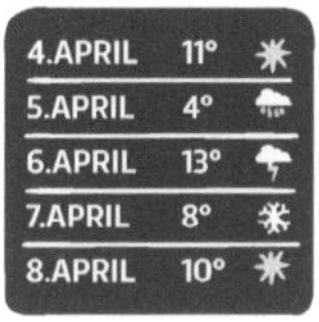

비
дощ
무지개
веселка
눈
сніг
바람
вітер
봄
весна
가을
осінь
여름
літо
겨울
зима


4.APRIL 11°
5.APRIL 4°
6.APRIL 13°
7.APRIL 8°
8.APRIL 10°

날씨 예보

прогноз погоди

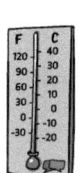

F
C


온도계

термометр

햇빛

сонячне світло

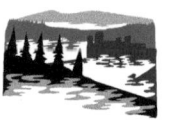

구름

хмара

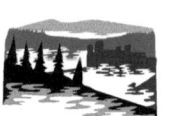

안개

туман

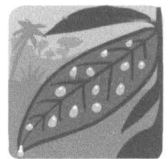

습도

вологість повітря

번개

블리스카브카 블리스카브카

천둥

грім

폭풍

шторм

우박

град

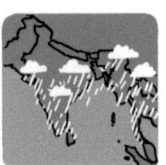

장마

мусон

홍수

повінь

얼음

лід

1월

Січень

2월

Лютий

3월

Березень

4월

Квітень

5월

Травень

6월

Червень

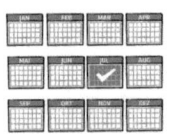

7월

Липень

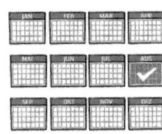

8월

Серпень

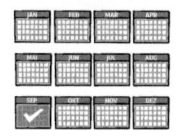

9월
......................
Вересень

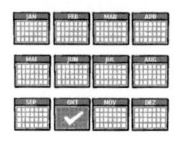

10월
......................
Жовтень

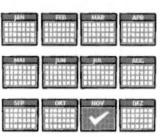

11월
......................
Листопад

12월
......................
Грудень

형태

**форми**

원
......................
круг

정사각형
......................
квадрат

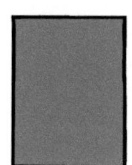

직사각형
......................
прямокутник

삼각형
......................
трикутник

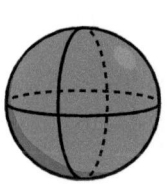

구
......................
куля

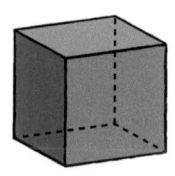

정사면체
......................
куб

하양
.................
білий

노랑
.................
жовтий

주황
.................
помаранчевий

분홍
.................
рожевий

빨강
.................
червоний

보라
.................
фіолетовий

파랑
.................
синій

초록
.................
зелений

갈색
.................
коричневий

회색
.................
сірий

검정
.................
чорний

**많은 / 적은**

багато / мало

**화난 / 차분한**

лютий / мирний

**아름다운 / 추한**

гарний / бридкий

**시작 / 끝**

початок / кінець

**큰 / 작은**

великий / малий

**밝은 / 어두운**

світлий / темний

**형제 / 자매**

брат / сестра

**깨끗한 / 더러운**

чистий / брудний

**완전한 / 불완전한**

завершений /
незавершений

**낮 / 밤**

день / ніч

**죽은 / 산**

мертвий / живий

**넓은 / 좁은**

широкий / вузький

삭용의 / 비식용의

їстівний / не їстівний

불친절한 / 친절한

злий / дружній

흥분된 / 지루한

збуджений / нудьгуючий

뚱뚱한 / 마른

товстий / тонкий

처음으로 / 마지막으로

спочатку / востаннє

친구 / 적

друг / ворог

꽉 찬 / 텅 빈

повний / порожній

딱딱한 / 부드러운

жорсткий / м'який

무거운 / 가벼운

важкий / легкий

배고픔 / 목마름

голод / спрага

병든 / 건강한

хворий / здоровий

불법 / 합법

незаконний / законний

영리한 / 어리석은

розумний / дурний

왼 / 오른

вліво / вправо

가까운 / 먼

поруч / далеко

**새 / 헌**

новий / використаний

**무 / 유**

нічого / щось

**늙은 / 젊은**

старий / молодий

**온 / 오프**

вкл / викл

**열린 / 닫힌**

відкрито / закрито

**조용한 / 시끄러운**

тихо / гучно

**부유한 / 가난한**

багатий / бідний

**옳은 / 틀린**

правильно / неправильно

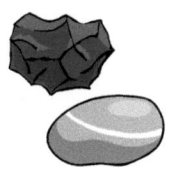

**거친 / 매끄러운**

шорсткий / гладкий

**슬픈 / 기쁜**

сумний / щасливий

**짧은 / 긴**

короткий / довгий

**느린 / 빠른**

повільно / швидко

**젖은 / 마른**

вологий / сухий

**따뜻한 / 시원한**

гарячий / холодний

**전쟁 / 평화**

війна / мир

# 숫자

## числа

**0**

영
..........
нуль

**1**

하나
..........
один

**2**

둘
..........
два

**3**

셋
..........
три

**4**

넷
..........
чотири

**5**

다섯
..........
п'ять

**6**

여섯
..........
шість

**7**

일곱
..........
сім

**8**

여덟
..........
вісім

**9**

아홉
..........
дев'ять

**10**

열
..........
десять

**11**

열하나
..........
одинадцять

## 12
열둘

дванадцять

## 13
열셋

тринадцять

## 14
열넷

чотирнадцять

## 15
열다섯

п'ятнадцять

## 16
열여섯

шістнадцять

## 17
열일곱

сімнадцять

## 18
열여덟

вісімнадцять

## 19
열아홉

дев'ятнадцять

## 20
스물

двадцять

## 100
백

сто

## 1.000
천

тисяча

## 1.000.000
백만

мільйон

## МОВИ

### 영어
···············
англійська

### 미국식 영어
···············
американська англійська

### 중국어 만다린
···············
китайська
високочиновницька

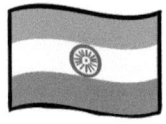

### 힌두어
···············
хінді

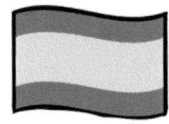

### 스페인어
···············
іспанська

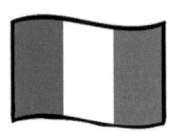

### 프랑스어
···············
французька

### 아랍어
···············
арабська

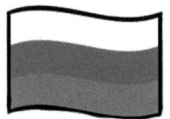

### 러시아어
···············
російська

### 포르투갈어
···············
португальська

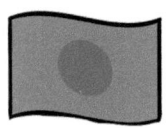

### 불가리아어
···············
бенгальська

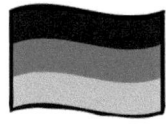

### 독일어
···············
німецька

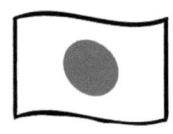

### 일본어
···············
японська

나

я

너

ти

그 / 그녀/ 그것

він / вона / воно

우리

ми

너희들

ви

그들

вони

누가?

хто?

무엇이?

що?

어떻게?

як?

어디서?

де?

언제?

коли?

이름

ім'я

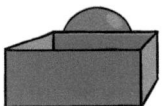

뒤에
................
ззаду

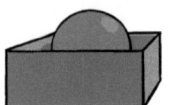

안에
................
в

앞에
................
перед

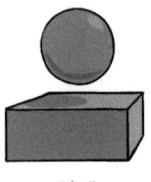

위에
................
над

위에
................
на

아래에
................
під

옆에
................
біля

사이에
................
між

장소
................
місце